# Vergehen in Beziehung auf die Ausübung der Religion. Verbrechen und Vergehen gegen die Ordnung der Ehe und des Personenstandes und gegen die Sittlichkeit

im Vorentwurf zu einem Deutschen Strafgesetzbuch.

Von

**Dr. Erich Wulffen,**
Staatsanwalt in Dresden.

Sonderabdruck aus: Die Reform des Reichsstrafgesetzbuchs herausgegeben von **Dr. P. F. Aschrott** u. **Dr. Franz v. Liszt.**

Berlin 1910.
**J. Guttentag, Verlagsbuchhandlung,**
G. m. b. H.

# Vergehen in Beziehung auf die Ausübung der Religion. Verbrechen und Vergehen gegen die Ordnung der Ehe und des Personenstandes und gegen die Sittlichkeit

im Vorentwurf zu einem deutschen Strafgesetzbuch.


Von

**Dr. Erich Wulffen,**

Staatsanwalt in Dresden.



Sonderabdruck aus Reform des Reichsstrafgesetzbuchs.

Berlin 1910.

**J. Guttentag, Verlagsbuchhandlung,**

G. m. b. H.

# Vorentwurf zu einem deutschen Strafgesetzbuch.

9. Abschnitt.

## Vergehen in Beziehung auf die Ausübung der Religion.

Der Vorentwurf hat die ethische und rechtliche Auffassung des geltenden Gesetzes über Art und Maß des der Religionsausübung zu gewährenden Strafschutzes im allgemeinen sich zu eigen gemacht, aber doch nicht nur in formeller, sondern auch in materieller Hinsicht einzelne Abweichungen getroffen.

§ 155.

Mit Recht ist die Strafbarkeit der Gotteslästerung aufrecht erhalten worden. Gerade in unserer Zeit des wieder erstarkenden religiösen Bedürfnisses müßte dessen Schutzlosigkeit als Verletzung des Volksempfindens aufgefaßt werden. Die Voraussetzung der öffentlichen und beschimpfenden Lästerung ist beibehalten worden. Erweitert ist der Tatbestand, sofern nicht mehr gefordert wird, daß der Gotteslästerer ein Ärgernis gibt. Dieses nach den Erfahrungen der Praxis höchst fragwürdige und unsichere Kriterium beseitigt *VEBegr.* (S. 512) in zutreffender Weise. Einschränkung hat der Tatbestand dadurch erfahren, daß nur die böswillige Lästerung getroffen werden soll. Die Gewissensfreiheit und die freie wissenschaftliche Erörterung der Gottesidee bleiben gewahrt. Der Begriff der Böswilligkeit hat sich in der Gesetzgebung bewährt. Das Höchstmaß der Strafe ist von drei auf zwei Jahre Gefängnis herabgesetzt, daneben wahlweise Haftstrafe bis zu gleicher Dauer zugelassen worden. Der Ausschluß der Geldstrafe wird durch die Einfügung des Begriffes der Böswilligkeit genügend motiviert.

§ 156.

Aus dem bisherigen § 166 StGB. scheidet der Vorentwurf in § 156 den zweiten der dort wenig übersichtlichen Tatbestände, die Beschimpfung von Religionsgesellschaften, als selbständig aus. Voraussetzung ist auch hier die Öffentlichkeit und Böswilligkeit der Beschimpfung. Der wissenschaftlichen Forschung und Kritik wird kein Hindernis bereitet. Als Objekte der Beschimpfung kommen nur die christlichen Kirchen oder die mit Körperschaftsrechten innerhalb des Reichsgebietes bestehenden Religionsgesellschaften in Betracht. Ihre „Einrichtungen und Gebräuche“ genießen schon hierdurch einen hinreichenden Schutz, dessen zu weite Ausdehnung nicht gewünscht werden kann. Von einer Erstreckung des Strafschutzes auf alle im Reiche mit Religionsausübung zugelassenen Religionsgesellschaften ist abgesehen worden.

Die Aufrechterhaltung des Tatbestandes ist aus denselben Gründen gerechtfertigt, wie wir sie für die Gotteslästerung anführten. Man mag beispielsweise über die christlichen Glaubenslehren denken wie man will. Solange eine Religionsausübung von einer Volksmehrheit getragen und vom Staate ausdrücklich unterstützt wird, bedarf sie auch innerhalb bestimmter Grenzen strafrechtlichen Schutzes. Der Weiterentwicklung der religiösen Idee ist damit keine Schranke gezogen. Als weitere Voraussetzung der Strafbarkeit zu fordern, daß die Beschimpfung in einer den öffentlichen Frieden gefährdenden Weise erfolgt sei, hieße wiederum ein ganz unsicheres Kriterium zum wichtigen Tatbestandsmerkmal erheben.

Mit Recht hat der Vorentwurf das Höchstmaß der Gefängnisstrafe auf zwei Jahre herabgesetzt, daneben Haftstrafe in gleicher Dauer und auch Geldstrafe bis zu 3000 M zur Wahl gestellt.

§ 157.

Schützen die vorhergehenden Paragraphen die Gottesidee und das religiöse Bedürfnis als solche vor Beschimpfung, so befaßt sich folgerichtig § 157 mit den böswilligen Angriffen auf die praktische Ausübung, mit der Störung des Gottesdienstes und einzelner gottesdienstlicher Veranstaltungen. Die einschlagenden Tatbestände aus §§ 166 und 167 des geltenden Gesetzes sind mit unbedeutenden Abweichungen zusammengefaßt worden. Geahndet werden: der Versuch, den Gottesdienst oder einzelne gottesdienstliche Veranstaltungen (anstatt Verrichtungen) einer im Staate bestehenden Religionsgesellschaft in einer Kirche, einem Friedhof (zur Beseitigung von Zweifel in der bisherigen Rechtsprechung) oder in einem andern dazu bestimmten Orte zu verhindern; ihre Störung durch Erregung von Lärm oder Unordnung oder (um alle Fälle zu treffen) auf ähnliche Weise; endlich (dritter Tatbestand aus § 166 StGB.) Verübung beschimpfenden Unfugs an einem zu solchen Veranstaltungen bestimmten Orte. Bei allen drei Tatbeständen ist wiederum Voraussetzung die Böswilligkeit des Handelns. Die Strafandrohung ist zweckmäßig in derselben Weise wie in § 156 Vorentwurf gemildert.

Die einschlagenden Bestimmungen (§§ 244—247) des *OVE.* gehen bedeutend weiter. Es genügt z. B. bloßes öffentliches Verspotten einer Lehre der Kirche (§ 245). Der *SchVE.* (Art. 187) straft absichtliches Stören, Hindern oder öffentliches Beschimpfen eines Gottesdienstes oder einer gottesdienstlichen Handlung. Der besondere Tatbestand der Gotteslästerung oder Beschimpfung einer Kirche ist daneben nicht bekannt, aber wohl als in der angegebenen Vorschrift eingeschlossen erachtet worden. Einen Anlaß zu Abänderungen des *DVE.* bieten die ausländischen Vorentwürfe nicht.

## § 158.

Der Tatbestand der Leichenschändung usw., der das dem religiösen Gefühle verwandte Gefühl der Pietät gegenüber Verstorbenen schützt, ist aus diesem Grunde im neunten Abschnitt belassen worden. Ein zwingender Grund, ihn in Abschnitt 7 („Verbrechen und Vergehen wider die öffentliche Ordnung“) einzureihen, lag nicht vor.

Der Tatbestand des geltenden Gesetzes (§ 168 StGB.) ist beibehalten und erweitert worden. Nicht nur der Leichnam als ganzer, sondern — zweiter Tatbestand des bisherigen § 367 Ziff. 1 StGB. — auch die Teile desselben werden geschützt; ebenso die Asche eines Verstorbenen. Nur die unbefugte Wegnahme aus dem Gewahrsam des Berechtigten (bisher: der dazu berechtigten Person), nicht ein sonstiges Beiseiteschaffen eines Leichnams (getroffen durch § 306 Ziff. 5 Vorentwurf) kommt in Betracht. Die Unterscheidung darf anerkannt werden. Unter Strafe steht endlich die Verübung beschimpfenden Unfugs nicht nur an der Beisetzungsstätte, sondern nunmehr auch an der Leiche selbst und ihren Teilen. Damit wird die sexuelle Leichenschändung in unser Strafgesetzbuch eingeführt. Ein Bedürfnis hierzu hat sich zwar in der Praxis nicht herausgestellt, ernstliche Bedenken lassen sich aber dagegen kaum geltend machen. Auch die Vorentwürfe für Österreich und die Schweiz haben diesen Strafschutz. Die Strafandrohung ist wie in §§ 156, 157 gemildert.

---

12. Abschnitt.

## Verbrechen und Vergehen gegen die Ordnung der Ehe und des Personenstandes.

### § 177.

Der *DVE.* hat in § 177 die Personenstandsfälschung mit einigen redaktionellen Abweichungen aus dem geltenden Gesetze (§ 169 StGB.) herübergenommen.

Der Sonderfall der Kindesunterschiebung, der in allen Gesetzgebungen den geschichtlichen Ausgangspunkt des Tatbestandes bildet, ist an die Spitze gestellt worden, „weil durch Nennung dieses Beispiels die ganze Vorschrift für den Laien verständlicher wird" (Begr. S. 579). Man kann diesem Vorschlag beipflichten. Österreich (§ 258) und Schweiz (Art. 140) heben den Sonderfall ebenfalls ausdrücklich hervor. Der *DVE.* nennt weiter den Fall der Kindesverwechslung nicht mehr ausdrücklich. Anstatt von Verändern und Unterdrücken des Personenstandes, wird von einem Fälschen und Unterdrücken gesprochen. Österreich spricht nur von Fälschung, die Schweiz von Unterdrücken, Verändern und Fälschen. Die deutsche Formulierung kann angenommen werden.

Die Strafandrohung ist, wie bisher, Gefängnis bis zu drei Jahren, ebenso, nach dem neueren Strafensystem, Haft bis zu drei Jahren, in besonders schweren Fällen (bisher nur bei gewinnsüchtiger Absicht) Zuchthaus bis zu fünf (bisher zehn) Jahren. Österreich hat nur Gefängnis und Haft von zwei Wochen bis zu zwei Jahren. Die Schweiz hat Zuchthaus bis zu fünf Jahren und bei „achtungswerten Beweggründen" Gefängnis oder Buße. Norwegen gibt bei mildernden Umständen die Geldstrafe und sogar Straflosigkeit, „wenn ein von einer verheirateten Frau geborenes uneheliches Kind als ehelich anerkannt wird". Auch für uns ist die Geldstrafe erwünscht, weil die in der Praxis vorkommenden Fälle häufig sehr harmloser Art sind (vgl. Wulffen, Sexualverbrecher S. 670ff.).

### § 178.

§ 178 *DVE.* (Ehebetrug) straft jeden, der mittels einer arglistigen Täuschung den Abschluß einer Ehe erschleicht. Er folgt damit dem geltenden Gesetze (§ 170 StGB.), nur dessen Spezialfälle verallgemeinernd. Die bloße wissentliche Eingehung einer nichtigen oder anfechtbaren Ehe zu treffen, wird mit Recht abgelehnt. Österreich (§ 252) straft die bloße Erregung oder Benützung eines Irrtums und die Verschweigung eines Ehehindernisses beim Eingehen der Ehe. Diese Bestimmungen gehen zu weit. Der *SchVE.* hat den Tatbestand gestrichen. Wer aber für die Eheinstitution die Forderung nach sorgfältiger Auswahl der Eheschließenden als bedeutsam anerkennt, wird die Strafbestimmung nicht aufgeben können. Voraussetzung für die Strafverfolgung sind die Nichtigkeitserklärung der Ehe und Strafantrag. Das bisherige Strafminimum ist mit Recht aufgegeben, auch neben der Gefängnisstrafe die Haftstrafe zugelassen worden.

## § 179.

§ 179 *DVE.* behält die Tatbestandsmerkmale und die Strafandrohung des geltenden Gesetzes (§ 171 StGB.) bei. Die Formulierung ist durch Aufnahme des Begriffes der Doppelehe im Sinne von § 1309 Abs. 1 Satz 1 BGB. zweckmäßig vereinfacht. Das Verbrechen ist aus der Reihe der eigentlichen Sittlichkeitsdelikte (13. Abschnitt StGB.) ausgeschieden und in die strafbaren Handlungen wider die Ordnung der Ehe aufgenommen worden. Damit wird der Tatbestand sozial richtig gewürdigt; nur werden (s. unten) die Folgerungen nicht alle gezogen. Die Kriminalstatistik zeigt, daß Doppelehe bei den Gehilfen, Arbeitern und Tagelöhnern in Industrie, Bergbau und Bauwesen verhältnismäßig häufig ist, was wir als eine Folge der Wanderbewegung aufzufassen haben. Das Delikt wird mehr als Gelegenheitsdelikt wie als Leidenschafts- oder reines Sexualverbrechen verübt. Auch Mittermaier betont, daß der Täter selten aus sinnlicher Begierde handle. Dieser Befriedigung dient der Ehebruch. Motiv der Bigamie ist meist eine leichtsinnige Nichtachtung des Bestandes der ersten Ehe. Der Ehemann hat beispielsweise seine Frau verlassen oder ist von ihr verlassen worden. Er hat Gelegenheit, eine zweite Ehe zu schließen, und verheiratet sich wieder. Er achtet es nicht für der Mühe wert, sich zu erkundigen, ob sich seine Frau von ihm hat scheiden lassen, oder selbst auf Scheidung zu klagen. Die Gelegenheit begünstigt die Verübung des Deliktes. Wen sein Wandertrieb, sein Wanderleben heute hierher, morgen dorthin führt, der glaubt sich in weiter Ferne, besonders im Ausland, als Ausländer in seinem Heimatstaate, vor Entdeckung seines früheren Ehestandes sicher.

Wegen der Beibehaltung der Zuchthausstrafe stützt sich die *VEBegr.* (S. 582) auf die „Volksanschauung“, für welche die Bigamie ein schweres Verbrechen sei. Diese Volksanschauung ist aber, wie ich oben gezeigt habe, wissenschaftlich überwunden. Auch Mittermaier befürwortet die Streichung der Zuchthausstrafe, da das Delikt im allgemeinen nicht aus gemeiner Gesinnung, sondern aus Leichtsinn und Torheit verübt wird und sehr selten ist. Die *VEBegr.* will nun „vom Standpunkte der Generalprävention" der durch die heutigen Freizügigkeits- und Verkehrsverhältnisse bedingten günstigen Gelegenheit zur Doppelehe „mit Ernst und Strenge" entgegentreten. Wie die Kriminalstatistik zeigt, ist diese Motivierung haltlos. Die Zahl der Verurteilten ist von 1895—1906 über die Hälfte gesunken. Die Zuchthausstrafe ist nicht mehr am Platze; sie entspricht der rückständigen Volksanschauung. In den schweren Fällen der Doppelehe liegt der Schwerpunkt bei der Realisierung anderer strafbarer Tatbestände. Die Bigamie kann für den Betrüger Mittel zum Zweck sein. Er schließt Ehen mit vermögenden Frauen, bringt deren Geld an sich und verschwindet damit. Andere — moderne Blaubärte! — entledigen sich der Frauen durch Mord, ehe sie eine neue Ehe schließen. In solchen Fällen wird der Bigamist durch die Strafe wegen des anderen Deliktes wirksam getroffen; vgl. insbesondere wegen „Betrugs in besonders schweren Fällen" § 276 *DVE.*

Der *OVE.* (§ 251) straft im allgemeinen nur mit Gefängnis und mit Kerker nur dann, wenn bei Eingehung der Doppelehe der zweite Ehegatte getäuscht wird. Dieser Fall bedarf der Androhung einer besonderen Strafart meines Erachtens nicht. Der *SchVE.* (Art. 139) droht Zuchthaus oder Gefängnis an.

Der *DVE.* behält die Auffassung bei, daß die Doppelehe kein Dauerdelikt ist. Ich habe hiergegen nichts einzuwenden und will nur auf den Widerspruch dieser Rechtsauffassung mit der Strafandrohung der Zuchthausstrafe aufmerksam machen.

Da nach § 4 auch des *DVE.* wegen der im Auslande begangenen Verbrechen und Vergehen in der Regel keine Verfolgung stattfindet, so bleibt auch ferner im Deutschen Reiche straflos der Ausländer, der seine erste Ehe z. B. in Deutschland mit einer Deutschen schloß, danach im Auslande eine neue Ehe eingeht und mit der zweiten Frau wieder nach Deutschland zurückkehrt und vielleicht, wie kürzlich vorkam, ganz in der Nähe der ersten, von ihm verlassenen Frau sich niederläßt. Es verbleibt dann nur die Möglichkeit, den Ausländer aus dem Reichsgebiete auszuweisen oder den Heimatsstaat zu veranlassen, die Auslieferung zu betreiben.

## § 180.

§ 180 *DVE.* (Ehebruch) behält die Tatbestandsmerkmale des geltenden Gesetzes (§ 172 StGB.) bei, erhöht hingegen das Höchstmaß der Gefängnisstrafe, droht als neue Strafart Haftstrafe bis zu zwei Jahren an und läßt die Zurücknahme des Strafantrags zu. Auch hier ist zutreffend Ausscheidung aus der Reihe der Sittlichkeitsvergehen erfolgt.

In der Literatur wird ernstlich erwogen, ob der Ehebruch künftig überhaupt noch bestraft werden soll. „Die eheliche Treue sei etwas so rein Inneres, daß ihre Verletzung in der rohen Form des Ehebruches eine der geringsten Verletzungsarten sei, tausend andere außereheliche Unsittlichkeiten der Ehegatten müßten doch straflos bleiben . . . Die seltene Anwendung des Strafrechts, die überaus milde Strafe seien mehr ein Spott auf das Gesetz und gerade für feinfühlige Naturen eine Pein“ (Mittermaier in *Vergl. Darst. Bes. T. IV. 100*).

Der *VEBegr.* (S. 582) stützt sich auf die „ganz allgemeine Anschauung des deutschen Volkes“, danach der Ehebruch, der das Rechtsgut der ehelichen Treue und zugleich die Eheordnung verletzt, eine strafwürdige Handlung sei. Diese „Begründung“ besagt recht wenig.

Unsere Ehe ist nicht die dauernde Lebensgemeinschaft zweier freier gleichberechtigter Persönlichkeiten geworden, wie sie das Eheideal fordert. Schon die Eingehung der Ehe ist gewissermaßen durch ein gesellschaftliches Gewohnheitsrecht fehlerhaft. Braut und Bräutigam kennen sich, wenn sie sich binden, innerlich viel zu wenig, um über die Möglichkeit eines künftigen gedeihlichen Zusammenlebens ein Urteil zu haben. Kaum sind sie als Eheleute zusammengesprochen, so steigen die ersten Anzeichen einer gegenteiligen Erkenntnis auf. Wenn sich heute der bessere junge Mann verlobt, ist ihm seine Braut ein verschlossenes Buch; wenn er zu lesen beginnt, fordert der gesellschaftliche Anstand, auf den Rücktritt zu verzichten. So finden sich zahllose Paare, die später nicht zusammenpassen. Äußerlichkeiten spielen eine Hauptrolle: ob der Mann die Frau ernähren kann, ob die Frau eine reiche oder auskömmliche Mitgift mitbringt. Die alte Kaufehe scheint wieder aufzuleben: meist kauft sich die Braut jetzt den Bräutigam. Die Ehe des Proletariers, bei der die finanzielle Seite ja ganz zurücktritt, wird meistens wahl- und ziellos geschlossen: eine augenblickliche Stimmung, eine — häufig alkoholisch gefärbte — Laune, ein blinder Zufall, frei von jedem ernsten Nachdenken, entscheidet. Das Liebesleben des Proletariers ist weniger differenziert und individualisiert wie des geistig Höher- und Hochgebildeten. Der Proletarier ist zur echten Ehe wohl noch nicht reif. Die Ehe selbst ist wenig angetan, das Versäumte nachzuholen. Der Mann, in der Sorge für Weib und Kind, verliert sich häufig völlig in seinem Berufe. Was sonst Bedeutendes in ihm liegt, kann er nur mit äußerster Energie, selbst gegenüber der Frau, retten. Schon ihre mangelhafte Vorbildung hindert, daß es zu einem echten geistigen Gemeinschaftsleben kommt. Krankheiten, Unglücksfälle und sonstige Sorgen, die nicht ausbleiben, legen der beiderseits selbst mit gutem Willen versuchten Annäherung Hindernisse in den Weg. Fehlt einem Teile der gute Wille zur Annäherung, so gehen beide bald getrennt ihren Pfad. Beim Proletarier findet eine psychische Annäherung der Eheleute überhaupt nur in beschränktem Maße statt. So mißraten zahllose Ehen. Aber die Eheleute bleiben beisammen. Das Gesetz gestattet ihnen nicht, ohne weiteres auseinanderzugehen (vgl. §§ 1564—1570 BGB.). Das Gefühl oder gesellschaftlicher Zwang hält auch vielfach ab, von den gesetzlichen Ehescheidungsgründen Gebrauch zu machen. Wieviel Menschenglück wird solchen Rücksichten geopfert. Man hat behauptet, wirklich glückliche Ehen gäbe es überhaupt nicht. Ich glaube aber doch, es gibt solche Ehen; sie sind aber ganz selten.

Sobald der biologische Gedanke der zweckmäßigen Auswahl des Liebespartners erst richtig gewürdigt werden wird, muß die Erkenntnis sich Bahn brechen, wie wenig unsere jetzige Ehe der sexuellen Evolution zu dienen geeignet ist. Auch eine leichtere, für die Beteiligten weniger verletzende Lösbarkeit der Ehe muß gesetzlich gestattet werden. Der gesetzliche oder gesellschaftliche Zwang erbittert nur die Gemüter, während Gewährung einer gewissen Freiheit für den Menschen von jeher das beste ethische Erziehungsmittel war. Der Staat wird dem weiblichen Geschlechte die Möglichkeit bieten müssen, eine höhere geistige Ausbildung als jetzt zu erwerben, so daß in der Ehe eine wirkliche geistige Gemeinschaft sich herausbilden kann. Die Arbeitszeit des Proletariers wird — auch aus anderen Gründen — abzukürzen sein, damit auch er die Möglichkeit zur Verinnerlichung seiner Ehe findet. Die soziale Hebung der Klassen schlägt tief in das Eheproblem hinein.

Allein auch eine so umgestaltete Ehe wird dem Ideale einer Geschlechtsgemeinschaft zwischen Mann und Weib noch nicht voll entsprechen. Hierzu fehlt noch immer die zu sehr an Paragraphen gebundene Freiheit und Gleichberechtigung der beiden verbundenen Teile. Wahre Freiheit, aus der immer und überall das Größte und Beste erwuchs, könnte nur in einer wirklich freien Geschlechtsgemeinschaft gedeihen. Die sog. freie Ehe oder „freie Liebe“, wie sie auch genannt worden ist, kann nur zwischen solchen Charakteren gedeihen, die in Ermangelung des gesetzlichen Zwanges freiwillig bereit sind, Mann und Weib, sich gegenseitig das zu sein, was einer von dem anderen erwartet und selber fordert. Oberflächliche und unsittliche Charaktere würden sich in einem solchen Verhältnisse dauernd niemals wohlfühlen; sie haben andere Gelegenheit, ihren Wünschen Genüge zu leisten. Ein Mißbrauch der freien Ehe durch unsittliche Elemente ist also nicht zu befürchten. In der freien Ehe eher als in der staatlichen wird das Weib zu seinem Rechte kommen. Die Unterordnung des Weibes unter den Mann, wie sie das bürgerliche Recht aufstellt, gilt in der anderen Ehe nicht. Der Mann, der sich auf solchen Standpunkt nicht zu stellen vermöchte, schnitte in der freien Ehe nur schlecht ab. Auch die Geliebte würde sich häufig vorteilhafter zeigen müssen als die Gattin, die auf ihre gesetzlichen Rechte pocht. Die freie Ehe würde auch zahlreiche soziale Erleichterungen bieten, würde die sexuelle und die wirtschaftliche Not vermindern (vgl. Wulffen, Sexualverbrecher, S. 614 ff.).

Nur vom Standpunkte einer Kritik unserer gesellschaftlichen Ehe kann die Frage beantwortet werden, ob und in welchem Maße der Ehebruch strafbar sein soll. Deshalb waren die vorausgehenden Ausführungen nötig.

Einzig und allein der Grund kann für Beibehaltung der Strafbarkeit des Ehebruches geltend gemacht werden, daß der Staat zweifellos auch in Zukunft auf dem Fundament der Ehe und Familie ruhen wird und selber diese Grundlage untergraben würde, wenn er die Strafandrohung, der eine gewisse ethische und abschreckende Wirkung innewohnt, fallen ließe. Aber es kann sich gewissermaßen nur um eine Ordnungsstrafe für die Verletzung der Eheordnung handeln. Die Verletzung der inneren ehelichen Treue bleibt der Strafe ihrem Wesen nach unerreichbar. Der Strafantrag ist meist ein Racheakt eines selbst recht fragwürdigen Ehegatten. Es stände dem Gesetzgeber übel an, strafrechtlich ein Treuverhältnis zu schützen, das er in seiner sonstigen Praxis recht vernachlässigt.

In erster Linie käme deshalb die vom *DVE.* vorgeschlagene Haftstrafe und erst in zweiter Hinsicht, bei gröberen Verletzungen der Eheordnung, Gefängnisstrafe in Frage. Das Höchstmaß mit je zwei Jahren überschreitet die Anforderungen bei weitem; mit je einem Jahre wäre es hoch genug gesteckt; mir genügten als Strafandrohung die bisherigen sechs Monate, wie sie auch der *OVE.* (§ 254) vorsieht, während der *SchVE.* (Art. 138) ebenfalls bis zu zwei Jahren Gefängnis gehen will.

Mit Recht verlangt der *DVE.* als Voraussetzung, daß die Ehe wegen des Ehebruchs geschieden sein muß. Eine Strafverfolgung bei bestehender Ehe begegnet dem stärksten Bedenken. Anders der *OVE.*

Auch die Zulässigkeit der Zurücknahme des Strafantrags ist zu empfehlen, weil er oft in der Übereilung und aus unlauteren Beweggründen gestellt wird. Verlangt man überhaupt besonderen Strafantrag, so ist die Zulässigkeit der Zurücknahme ganz allgemein nur logisch.

Der *OVE.* kennt sogar auf Antrag des Verletzten einen Wegfall der schon (rechtskräftig?) verhängten Strafen. Ähnlich der *SchVE.* ganz allgemein für den Fall, daß der beleidigte Ehegatte stirbt.

## Nachtrag zu §§ 177—180.

Unter den strafbaren Handlungen gegen Ehe, Familie und Personenstand bringen *OVE.* (§ 257) und *SchVE.* (Art. 141) den Tatbestand der Pflichtverletzung gegen eine Geschwängerte. Strafbar ist, wer eine weibliche Person, die er geschwängert hat, „in bedrängter Lage im Stiche läßt“ (Schweiz) bzw. „der Not und Hilflosigkeit preisgibt“ (Oester.) Noch anders formulieren §§ 240, 241 des Norwegischen StGB. Der *DVE.* hat in § 218 keine einschlagende Bestimmung aufgenommen. § 306 Ziff. 10 straft mit Geldstrafe bis zu 300 M oder mit Haft oder Gefängnis bis zu drei Monaten den, der sich der ihm obliegenden Unterhaltspflicht, zu deren Erfüllung er imstande ist, derart entzieht, daß der Unterhaltsberechtigte durch Vermittlung der Behörde aus fremden Mitteln unterstützt werden muß. Eine gesetzliche Unterhaltspflicht besteht auch gegenüber unehelichen Kindern (§ 1708 BGB.). Der Entwurf hat diese Bestimmung gegenüber dem geltenden Gesetze (§ 361 Ziff. 10 StGB.) zwar etwas praktischer ausgestaltet. Bedenklich bleibt nur, daß die Vermittlung der Behörde und die Unterstützung aus fremden Mitteln Voraussetzungen sind. Bürgerliches Recht und Strafrecht stellen bei uns übereinstimmend den Schwängerer günstiger als die Geschwängerte, obwohl diese psychologisch und sozial jenem gegenüber die Schwächere ist. Mit diesem ethisch und sozial unerträglichen gesetzlichen Zustande sollte endlich aufgeräumt werden. Die Gefahr, die dem Staate aus unerzogenen und vernachlässigten unehelichen Kindern, welche die Armee der Verbrecher vermehren, erwächst, ist so groß, daß eine schärfere Sonderbestimmung am Platze ist, welche die bloße vorsätzliche Nichterfüllung der Unterhaltspflichten trotz Vermögens trifft.

20. Abschnitt.

## Verbrechen und Vergehen gegen die Sittlichkeit.

§ 243.

Der *DVE.* hat es abgelehnt, den Begriff der Notzucht (§ 243) in Anlehnung an verschiedene Vorschläge der Theorie und ausländischer Gesetzgebungen weiter zu entwickeln. Die *VEBegr.* (S. 679) stützt sich darauf, daß solche Abweichungen „der deutschrechtlichen Auffassung von den Strafen der Notzucht" nicht entsprechen. Nur eine gegenwärtige unmittelbare und körperliche Gefahr für die Angegriffene könne den Tatbestand erfüllen. Jeder andere Zwang falle unter die Nötigung, die in § 240 *DVE.* mit einem erhöhten Strafhöchstmaße ausgestattet ist. Mit dem Hinweis auf das Festhalten an der alten deutschrechtlichen Auffassung ist natürlich nichts bewiesen. Wohin sollten wir kommen, wenn ein Rechtsbegriff nicht entwicklungsfähig wäre. Wir haben uns also von anderen Gesichtspunkten leiten zu lassen.

Die Formulierung des *SchVE.* (Art. 118): „Wer eine Frau mit Gewalt oder durch schwere Drohung zum außerehelichen Beischlafe nötigt," lehnt die *VEBegr.* ab. Die Fassung „schwere Drohung" ist ihr zu unbestimmt. Androhung entfernt liegender Übel und solcher auch gegen andere Personen will sie nicht zulassen.

Der *OVE.* unterscheidet zwei Tatbestände, die eigentliche Notzucht und die Nötigung zum Beischlaf (§§ 259 und 260). Bei der Notzucht kommen als Mittel Gewalt oder Drohung mit Gewalt, letztere gegen die weibliche Person selbst „oder eine ihr nahestehende Person", in Frage.

Der Vorschlag des *DVE.* erscheint wohl zu eng. Man kann für die eigentliche Notzucht die Gewalt oder Drohung mit gegenwärtiger persönlicher Gefahr (gleichbedeutend mit gegenwärtiger Gefahr für Leib oder Leben) gelten lassen. Aufzunehmen wäre aber vielleicht schon die Drohung mit gegenwärtiger persönlicher Gefahr gegenüber einem Angehörigen. Wenn der Vater, die Mutter, ein Bruder, ein Kind der weiblichen Person z. B. mit sofortiger Tötung bedroht wird, falls die Frau den außerehelichen Beischlaf nicht gestattet, so kommt dieser Tatbestand der eigentlichen Notzucht ganz nahe. Nur mit der Begründung, daß wenigstens bei uns in Deutschland solche Fälle außerordentlich selten sind, könnte man diese Erweiterung ablehnen.

Jedenfalls erscheint es wünschenswert, daß der Gesetzgeber den Wert der geschützten weiblichen Geschlechtsehre etwas höher anschlägt und auch einen weiteren Zwang gegen sie aus dem Tatbestande der Nötigung heraushebt, wie *OVE.* in § 260 (Nötigung zum Beischlaf) verfährt. *OVE.* nennt als Mittel Bedrohung der Frau selbst oder einer ihr nahestehenden Person (dafür: eines Angehörigen) „mit einem rechtswidrigen Nachteil an der Freiheit, einem Angriff auf die Ehre, einer strafgerichtlichen Anzeige oder mit der Offenbarung eines Geheimnisses, dessen Bekanntwerden geeignet ist, die bürgerliche Stellung der Bedrohten zu untergraben". Man kann diesen Vorschlägen ungefähr beipflichten; sie entsprechen tatsächlich der Erfahrung der Praxis. Unsere Zeit steht unter dem Zeichen der Erpressung, nicht nur auf vermögensrechtlichem Gebiete. Wo der Täter vor unmittelbarer Gewalt zurückschreckt, greift er zur Bedrohung. Die Ausbreitung des Zuhältertums steckt die männliche Jugend in dieser Hinsicht leicht an. Eine Menge junger Burschen nötigen mit solchen Drohungen junge Mädchen zur Gestattung des Beischlafs.

Als Strafe der eigentlichen Notzucht droht *DVE.* Zuchthaus, bei mildernden Umständen Gefängnis nicht unter einem Jahre an. Dies entspricht dem geltenden Gesetze. Für den etwa einzufügenden zweiten Tatbestand der Nötigung zum Beischlaf wären vorzuschlagen: Zuchthaus bis zu fünf Jahren, Gefängnis nicht unter sechs Monaten. Österreich geht bis auf drei Monate herab.

Nach § 12 Nr. 4 *DVE.* umfaßt das Nötigungsmittel der Gewalt auch die Anwendung narkotischer Mittel oder der Hypnose. Deshalb ist der zweite Tatbestand von § 177 StGB. nicht mehr besonders formuliert.

Wegen des Zwangs einer männlichen Person zur widernatürlichen Unzucht siehe daselbst.

## § 244.

Der *DVE.* hat in § 244 Ziff. 1 und 2 (gewaltsame Unzucht und Schändung) die Tatbestände des geltenden Gesetzes (§ 176 Ziff. 1 und 2) mit geringen Abweichungen beibehalten. *VEBegr.* (S. 679) irrt, wenn sie meint, ihre Neuredaktion „wer durch Gewalt nötigt" bedeute gegenüber dem jetzigen „wer mit Gewalt vornimmt" eine sachliche Änderung. Schon nach der jetzigen in Theorie und Praxis herrschenden Meinung muß durch das Mittel der Gewalt ein der Vornahme unzüchtiger Handlungen voraussichtlich oder tatsächlich entgegenstehender Widerstand überwunden werden sollen. Das neuere „mit gegenwärtiger persönlicher Gefahr" entspricht dem jetzigen „mit gegenwärtiger Gefahr für Leib oder Leben". In Ziffer 2 des Vorentwurf ist

9*

Objekt „eine bewußtlose oder sonst zum Widerstand unfähige oder geisteskranke“, im geltenden Gesetze „eine in einem willenlosen oder bewußtlosen Zustande befindliche oder geisteskranke“ weibliche Person. Das Merkmal der Unfähigkeit zum Widerstande ist gewählt worden, um die Zweifelsfrage zu lösen, ob auch die Fesselung oder Lähmung der Glieder ohne Verlust der Sprache oder ein hypnotischer Zustand „willenlos“ macht. Ein wirklicher Zweifel hat hierüber in der Praxis nicht bestanden; es versteht sich von selbst, daß die geschilderten Zustände von der Willenlosigkeit mit umfaßt werden.

Der *OVE.* und ebenso der *SchVE.* haben die einschlagenden Tatbestände wesentlich erweitert.

*OVE.* straft in § 261 den Zwang zur Unzucht genau nach dem Vorbilde der Notzucht (§ 259) und in § 262 die Nötigung zur Unzucht wie die Nötigung zum Beischlafe (§ 260). Es genügt also im ersten Falle die gegen die weibliche Person oder eine ihr nahestehende Person gerichtete Drohung mit Gewalt, im zweiten Falle die Bedrohung der Frau oder einer ihr nahestehenden Person mit einem rechtswidrigen Nachteil an der Freiheit, einem Angriff an der Ehre usw. Es kommt alles darauf an, ob man die Duldung der Unzucht mit der Duldung des Beischlafes gleichstellen will und muß. Nun ist klar, daß die Duldung der Einführung penis viri in os mulieris, weiter die paedicatio mulieris, endlich die Duldung des cunnilingus der Schmach des erduldeten Beischlafs nahe oder fast nahe kommen. Aber solche zwangsweisen Unzuchtshandlungen sind außerordentlich selten; es erscheint deshalb nicht erforderlich, sie zu einem besonderen Tatbestande zu erheben. Die Bedrohung mit gegenwärtiger Gefahr für Leib oder Leben kann man als einschränkendes Erfordernis ebenso wie bei der Notzucht gelten lassen. Man wird also auch nicht die bloße „schwere Drohung“ des *SchVE.* (Art. 119 Abs. 1) akzeptieren, ebensowenig den ganz gewiß seltenen Zwang der weiblichen Person zur Vornahme unzüchtiger Handlung, z. B. zur fellatio penis, besonders hervorheben. Endlich erscheint auch eine Nötigung zur Unzucht i. S. von § 262 *OVE.* entbehrlich; die Beischlafsvollziehung ist durch solche Drohungen erzwungen worden, von ebensolcher Erzwingung bloßer Unzuchtshandlungen an erwachsenen weiblichen Personen ist nie die Rede gewesen. Jüngere Mädchen sollen schon durch Hinaufrückung des Schutzalters besser als jetzt geschützt werden.

§ 244 Ziff. 2 *DVE.* straft als Schändung — eine etwas willkürliche und wenig charakterisierende Terminologie — nur den Mißbrauch der bewußtlosen usw. weiblichen Person zum außerehelichen Beischlafe. *OVE.* und *SchVE.* ahnden auch den Mißbrauch zur bloßen Unzucht. *VEBegr.* (S. 680) lehnt den letzteren Tatbestand ab, weil ein solcher Schutz „nicht zuweit gehen könne". Man kann zwar nicht behaupten, daß sich hier im geltenden Gesetze eine Lücke fühlbar gemacht habe. Aber die ausländischen Vorentwürfe verdienen wegen ihrer höheren Moral, die der Gesetzgeber doch auch im Auge zu halten hat, den Vorzug. Eine willenlose oder sonst widerstandsfähige weibliche Person gegen unzüchtige Handlungen nicht bloß durch den zweifelhaften Beleidigungsparagraphen zu schützen, erscheint keine unbillige Anforderung an den Gesetzgeber.

Die Strafandrohung des *DVE.* — Zuchthaus bis zu zehn Jahren, Gefängnis nicht unter sechs Monaten — ist kaum zu beanstanden.

Der Tatbestand der Unzucht mit Kindern wird aus dem geltenden Gesetze (§ 176 Ziff. 3 StGB.) mit einer geringfügigen redaktionellen Änderung vom *DVE.* (§ 244 Ziff. 3) übernommen.

Bei der Ätiologie der Kinderschändung (vgl. Wulffen, Sexualverbrechen S. 402 ff.) treffen wir in sexologischer Beziehung auf sadistische und fetischistische Momente. Der Sadismus offenbart sich darin, daß der Täter dem Kinde als einer ihm gegenüber zarten und schwachen Person eine unzüchtige Behandlung mit psychischer und auch oft mit physischer Gewaltsamkeit aufdrängt. Der Schänder gewinnt eine Art Herrschaft über das Kind. Dabei kann das Bewußtsein des Verbrechers, auch in das Seelenleben des Kindes gewaltsam einzugreifen, eine wichtige, vielleicht die hauptsächliche Rolle bei der Reizung seines Geschlechtstriebes spielen. Die Überwindung des sich schämenden, des sich sträubenden, weinenden Mädchens reizt ebenfalls den Sadisten. Ein Fetischismus wirkt in der Kinderschändung insofern, als der kindliche zarte Geschlechtsteil, vor allem die weibliche Scham, als Teilanziehung, als Fetisch, den Geschlechtsreiz beim Täter auslöst. Dieser Fetischismus kann oft schon auf das pathologische Gebiet hinüberspielen.

Zu diesen psycho-physiologischen Ursachen der Unzucht mit Kindern treten eine Reihe von Anlässen aus dem Milieu. Ungünstige Wohnungsverhältnisse, vor allem das Schlafstellenwesen schädigen das Schamgefühl und bieten zahlreiche Gelegenheiten zur Unzucht. Ein wichtiger Faktor ist dabei der Alkoholgenuß. Die sexuelle Not treibt, besonders in kleineren Städten ohne Prostitution und mit einer starken männlichen Bevölkerung, den ledigen und ebenso den verheirateten Mann, der die Frau schonen und weiteren Familienzuwachs vermeiden muß, häufig zum Verbrechen. Der Mißbrauch ganz kleiner Mädchen, der uns unbegreiflich scheinen will, ist oft nichts weiter als ein onanistischer Akt.

Die Unzucht mit Kindern, vornehmlich mit Mädchen, hat in Deutschland eine Verbreitung, von der nur der praktische Kriminalist eine Ahnung hat. Die Ziffern der Statistik geben keinen Aufschluß über den wirklichen Umfang der Verbrechensverübung. Aus naheliegenden Gründe kommen zahlreiche Fälle nicht zur Anzeige. Die Jugend, auch die weibliche, besonders der mittleren und unteren Volksschichten, leidet an einer sexuellen Frühverderbnis. Die Praxis weiß von unglaublichen Vorkommnissen. Eine einzige Gemißbrauchte, deren Erlebnis zu schnell bekannt wird, kann den sexuellen Reiz in die ganze Schulklasse tragen. Die Unzucht mit Schulmädchen verseucht unser Volk.

Der Schutz, der den Kindern nur bis zum vollendeten 14. Lebensjahre gewährt wird, hat sich als ungenügend erwiesen; er ist mindestens bis zum vollendeten 15. Jahre auszudehnen. Die Gegenargumente der *VEBegr.* (S. 682) halten nicht stich. Mit vollendetem 14. Jahre haben in unserem Klima zahllose Kinder noch einen unentwickelten Körper. Wenn auch ein gewisser Bildungsabschnitt erreicht ist, so bleiben sie doch noch in erzieherischer Abhängigkeit. Und gerade weil sie, zumal in den arbeitenden Kreisen, bereits im wirtschaftlichen Leben stehen müssen, bedürfen sie für diese schwierige und wichtige Übergangszeit des weiteren Schutzes ihrer Geschlechtsehre. Gerade weil unser Gesetz die Kinder nur für die Zeit der Volksschule schützt, wagt sich der Sittlichkeitsverbrecher unschwer an sie heran, die sofort nach der Entlassung aus der Schule gewissermaßen vogelfrei werden. Der erhöhte Schutz auch für Knaben ist bei Angriffen von seiten Homosexueller von Bedeutung. Gelänge es, unser Volk zur Respektierung der hinaufgerückten Schutzfrist zu erziehen, so würde seine geschlechtliche Sittlichkeit einen unschätzbaren Gewinn haben. Eine Verzögerung der Geschlechtsreife und des Eintrittes in das Geschlechtsleben liegt aus biologischen Gründen in der Tendenz der Natur (Wulffen, a. a. O. S. 716). Der Gesetzgeber hat der Natur in die Hände zu arbeiten. Es wäre also sehr wohl möglich, die geschlechtlichen Lüste, welche jetzt zum Verbrechen führen, zurückzudrängen. Aber auch die soziale Fürsorge, besonders in der Wohnungsfrage, müßte tatkräftig mit eingreifen und die Massen heben.

Auch in der ausländischen Gesetzgebung wird die Hinaufrückung des Schutzalters angestrebt; selbst in Frankreich faßt man das 15. Lebensjahr ins Auge. Der *OVE.* (§ 265) schützt unmündige Personen nicht nur gegen den außerehelichen Beischlaf, sondern auch gegen bloße Unzucht. Der *SchVE.* (Art. 122) rückt das Schutzalter bis zum vollendeten 16. Lebensjahr hinauf.

Darüber, ob man auch die Vornahme einer unzüchtigen Handlung vor einem Kinde solchen Alters unter Strafe stellen will, kann man geteilter Meinung sein. Der *O.* und *SchVE.* haben eine solche Bestimmung. Die ablehnenden Gründe der *DVEBegr.* leuchten nicht recht ein; es kann sich ja natürlich nur um vorsätzliche Handlungen aus Wollust und nicht auch um fahrlässige handeln. Die unsittliche Wirkung ist oft ganz dieselbe; nicht immer werden solche unzüchtige Handlungen vor Kindern in der Öffentlichkeit vorgenommen.

Bezüglich der Strafandrohung ist das Mindestmaß von sechs Monaten Gefängnis (bei mildernden Umständen) zu beanstanden. Es ist für einzelne, nicht zu seltene Fälle, die nicht als Versuch angesehen werden können, unter Berücksichtigung aller objektiven und subjektiven Umstände zu hoch. Überhaupt leidet unser Vorentwurf noch an den zu hohen Strafmindestmaßen, die unser geltendes Strafgesetz manchmal unerträglich machen. Drei Monate Gefängnis genügen für solche milde Fälle. Der *O.* und *SchVE.* gehen in der Strafandrohung teilweise noch weiter herab.

### § 245.

Die den schweren objektiven Erfolg — Todesfolge — zu einseitig berücksichtigende Bestimmung in § 178 StGB. ist in § 245 *DVE.* zwar beibehalten, aber durch die heranzuziehende Vorschrift von § 62 Vorentwurf ganz gewiß ihrer mittelalterlichen Härte entkleidet worden. Freilich wird dabei viel von der Rechtsprechung abhängen. Bei strenger Auslegung wird man vielleicht immer sagen können, daß der Notzüchtler mit einer Schwängerung der Vergewaltigten und ihrem Tode bei der Entbindung oder im Wochenbette rechnen mußte. Allein eine billige Berücksichtigung der Erregung, in der sich der Täter wohl immer befindet, sowie der geringen Erfahrung junger Männer auf dem Gebiete der Geburtshilfe wird eine zu strenge Gesetzesanwendung in der Praxis ausschließen. Hingegen erscheint das angedrohte Strafmindestmaß mit zehn Jahren Zuchthaus zu hoch, weil die Möglichkeit, den schweren Erfolg vorauszusehen, nicht selten auf einem nur geringen besonderen Verschulden beruhen kann. Das Strafminimum ist mit fünf Jahren Zuchthaus genügend bemessen. Solche Strafmindestmaße sehen sich beim Lesen des Strafgesetzes nicht übel an, aber in der Praxis führen sie häufig zu Härten. *OVE.*, der in §§ 8 u. 268 ähnliche, teils noch eingehendere Bestimmungen hat, ist bei Ansetzung der Mindeststrafe viel vorsichtiger; zwei Jahre Kerker bilden die höchste Mindeststrafe. *SchVE.* (Art. 126) hat dagegen dasselbe harte Mindestmaß von zehn Jahren Zuchthaus wie wir.

## Zusatz.

Im Anschluß hieran sei nur kurz bemerkt, daß der *DVE.* die Gefährdung durch Geschlechtskrankheit, wie sie *OVE.* § 304 und *SchVE.* § 79 kennen, aus den Tatbeständen der Körperverletzung herauszuheben ablehnt. Die Ausführungen der Begründung (S. 665) überzeugen nicht. Die Tatbestände der jetzigen vorsätzlichen und fahrlässigen Körperverletzung werden häufig aus subjektiven Gründen nicht nachweisbar sein. Die ärztliche Schweigepflicht bildet kein Hindernis, da die oder der Beschuldigte im Falle dringenden Verdachtes die körperliche Untersuchung durch den Polizei- und Gerichtsarzt zu dulden verpflichtet sind. Schon von der bloßen legislatorischen Betonung der Strafbarkeit des Tatbestandes darf man sich als einer Art Schärfung des Volksgewissens eine ethische und praktische Wirkung bei der Prophylaxe der Geschlechtskrankheiten erwarten.

## § 246.

Auch der Tatbestand der Erschleichung des Beischlafs (§ 179 StGB.) findet sich in § 246 *DVE.* wieder. Verändert ist lediglich die Formulierung. Anstatt von der „Trauung" wird von der „Eheschließung" gesprochen; diesen Wechsel in der Bezeichnung rechtfertigen die neuen Ehegesetze. Aber die Ausdrucksweise „durch Vorspiegelung einer Eheschließung" ist mißverständlich, zum mindesten undeutlich; man könnte darunter die Vorspiegelung des Beischläfers, er werde die Beischläferin heiraten, verstehen. Die Worte des geltenden Gesetzes „daß er eine Trauung vorspiegelt" waren wenigstens mit Rücksicht auf den Ausdruck „Trauung" klarer. Vielleicht wäre zu formulieren: „Wer eine weibliche Person zur Gestattung des Beischlafs durch die Vorspiegelung, es bestehe zwischen ihnen eine gesetzliche Ehe, oder sonst usw. bestimmt."

Gegen die Beibehaltung der Zuchthausstrafe als ordentlicher Strafart ist nichts einzuwenden. Das Mindestmaß der Gefängnisstrafe bei Annahme mildernder Umstände hat der Vorentwurf sogar von sechs auf drei Monate herabgesetzt.

Auch der *OVE.* hat den Tatbestand in § 267 aufgenommen. Der *SchVE.* kennt ihn nicht.

§ 247.

Bei der Unzucht unter Mißbrauch eines Autoritätsverhältnisses reiht der *DVE.* in § 247, der sich im allgemeinen an den jetzigen § 174 StGB. anlehnt, in Ziff. 1 die Eltern und die Pfleger als Personen ein, gegen welche die Strafandrohung sich richtet. Beide Vorschläge und ihre Rechtfertigung in *VEBegr.* (S. 684) sind zu billigen. *OVE.* hat in §§ 265, 266, 272 und *SchVE.* in Art. 123 den gleichen Schutz gewährt. Schweiz (Art. 189) straft ganz allgemein auch den Geistlichen, der bei Ausübung seines Berufes eine unzüchtige Handlung mit einer Person vornimmt. Ich glaube, das zu erhöhende Schutzalter der Jugendlichen bietet genügende Gewähr.

In Ziff. 2 desselben Paragraphen nennt der *DVE.* wie bisher die Beamten, die mit Personen, gegen die sie ein Strafverfahren (statt des bisherigen: eine Untersuchung) zu führen haben oder welche ihrer Obhut anvertraut sind, unzüchtige Handlungen vornehmen. *OVE.* geht weiter und wendet sich in § 273 Ziff. 2 ganz allgemein gegen den öffentlichen Beamten, der mit einer weiblichen Person, die seiner amtlichen Obhut anvertraut ist oder mit der er eine Amtshandlung vornimmt, den außerehelichen Beischlaf ausübt oder Unzucht treibt. Hier sind also auch die Zeugin und die Klägerin oder Beklagte im Zivilprozesse sowie jede vor einer anderen Behörde erscheinende Frau geschützt. Eine solche Vorschrift ist zweckmäßig; denn es ist nicht abzusehen, weshalb nur die Beschuldigte im Strafverfahren, wie freilich auch *SchVE.* (Art. 125) allein vorschlägt, geschützt sein soll. Zu eng hingegen ist *OVE.* wegen des Schutzes nur für weibliche Personen. Mit Rücksicht auf die Ausbreitung der Homosexualität sind auch männliche Beschuldigte, Zeugen, Parteien und sonstige Komparenten zu schützen.

In Ziff. 3 fügt *DVE.* allgemein auch die „privaten Anstalten zur Pflege oder Behandlung von Kranken, Armen oder anderen Hilfsbedürftigen“ ein und nennt als Autoritätspersonen die Inhaber, Leiter, Ärzte oder andere Medizinalpersonen, Beamte und andere Angestellte. Bei letzteren ist vor allem an das Pflege- und Wärterpersonal gedacht. Alle diese Vorschläge entsprechen den in der Literatur wiederholt vorgetragenen und begründeten berechtigten Anforderungen unserer Anschauung. Auch *O.* (§ 273 Ziff. 4, hier sogar überdies allgemein Angestellte und Diener einer Erziehungsanstalt), und *SchVE.* (Art. 125) haben diesen ausgedehnteren

Schutz. Schweiz (190) straft sogar jeden Arzt, der an einer Person, die ihm zur ärztlichen Untersuchung oder Behandlung anvertraut ist, gegen ihren Willen eine unzüchtige Handlung vornimmt. Wir glauben, diese Bestimmung entbehren zu können. Der *DVE.* hat die jetzigen Strafandrohungen beibehalten: Zuchthaus bis zu fünf Jahren, Gefängnis nicht unter sechs Monaten. Österreich geht bis auf zwei Wochen, die Schweiz in Art. 123 (Kinder usw.) bis auf einen bzw. drei Monate herab, während sie in § 125 (Gefangene usw.) ebenfalls sechs Monate Gefängnis annimmt. Aus den allgemeinen Gründen, welche gegen zu hohe Strafminima sprechen, werden als Mindeststrafe drei Monate Gefängnis auch für uns genügen.

Weitergehend straft *OVE.* in § 274 Ziff. 3 denjenigen, der eine weibliche Person durch Ausnutzung ihrer wirtschaftlichen Abhängigkeit von ihm zum außerehelichen Beischlaf bestimmt, mit Gefängnis bis zu sechs Monaten, wenn der Beischlaf wirklich stattgefunden hat. Außerdem sind in §§ 264, 265 ganz allgemein unmündige Personen gegen Mißbrauch zum Beischlaf oder zur Unzucht geschützt. Auch der *SchVE.* (Art. 123) schützt unmündige Dienstboten gegen Vornahme unzüchtiger Handlungen und Verführung zum Beischlafe und weiter (128) denjenigen, der die Not oder die Abhängigkeit einer weiblichen Person arglistig benützt, um den Beischlaf von ihr zu erlangen.

*VEBegr.* rechtfertigt eingehend, weshalb die Aufnahme solcher Bestimmungen abgelehnt worden ist (S. 686, 687). Man wird sich über die Bedenken, welche die Begr. äußert, nicht ohne weiteres hinwegsetzen können. Nur ein Punkt verdient auch von der andern Seite betrachtet zu werden. Die Dienstboten stellen nach der Statistik die meisten Prostituierten; es wird behauptet, daß die Verführung durch den Dienstherrn hieran ihren Anteil habe. Wenn es gelänge, den minderjährigen weiblichen Dienstboten gegen Mißbrauch zum Beischlafe zu schützen, wäre viel gewonnen. Der Dienstbote ist durch die Aufnahme in die häusliche Gemeinschaft und durch seine sonstige Abhängigkeit gefährdet. Ein Mißbrauch der Strafvorschrift zu gehässigen Anzeigen und Erpressungen ist insoweit nach den auf dem verwandten Gebiete der Notzucht und Gewaltunzucht gemachten Erfahrungen nicht zu befürchten.

§ 248.

Auch der Tatbestand der Verführung ist aus dem geltenden Gesetze (§ 182 StGB.) von § 248 *DVE.* übernommen worden.

Daß die Verführung nur zum Beischlafe und nur eines nichtbescholtenen Mädchens geahndet werden soll, ist zu billigen.

Wünschenswert erscheint mir aber eine Veränderung der Beweisfrage. Statt „ein unbescholtenes Mädchen" wäre zu sagen: „ein Mädchen, dessen Bescholtenheit nicht nachgewiesen ist." Zwischen beiden Voraussetzungen ist ein feiner Unterschied. Das junge Mädchen soll solange geschützt werden, als seine Bescholtenheit nicht bewiesen ist; wir sind dies unsrer weiblichen Jugend schuldig. Es ist zweierlei, ob die Unbescholtenheit oder die Bescholtenheit bewiesen werden muß. Mit der von *VEBegr.* zu § 260 (S. 707) vertretenen Auffassung über die Führung des Wahrheitsbeweises bei Behauptung und Verbreitung ehrenrühriger Tatsachen scheint mir mein Vorschlag nicht in Widerspruch zu treten.

Dieselben Gründe ferner, welche für die Hinaufrückung des Schutzalters der Kinder sprechen, greifen auch bei der Verführung Platz. Das vollendete sechzehnte Lebensjahr kann nicht als die Altersgrenze angesehen werden, von der ab das junge Mädchen imstande wäre, sich wirksam gegen die gefährlichste Beeinflussung seines Willens auf geschlechtlichem Gebiete selbst zu schützen. Es hat erstens noch zu wenig Verständnis für den hohen Wert der unverletzten Geschlechtsehre. Sodann ist es gerade in diesen Jahren der heftigsten Vorstöße der Pubertät in seiner Willenssphäre zu wehrlos. Zahlreiche Erfahrungen der letzten Jahre belegen, daß das Alter zwischen dem 16. und 17. Lebensjahre außerordentlich gefährdet ist. Was haben wir nicht alles von den Siebzehnjährigen erfahren müssen. Das junge Mädchen ist also mindestens bis zum vollendeten siebzehnten Lebensjahre gegen Verführung zum Beischlaf zu schützen.

Der *OVE.* (§ 274) schützt allgemein ebenfalls nur unbescholtene Mädchen unter 16 Jahren, außerdem aber jede geschlechtlich unbescholtene weibliche Person gegen Verführung zum Beischlaf unter der Vorspiegelung, der Verführer werde sie heiraten. Die Aufnahme des Momentes eines betrügerischen Eheversprechens in den Tatbestand halte ich für bedenklich. Der Mißbrauch zu dem Zwecke, Eingehung einer Ehe zu erzwingen, liegt zu nahe; zu zahllosen Meineiden würde Anlaß geboten.

Der *SchVE.* (Art. 127) straft den, der die Unerfahrenheit oder das Vertrauen einer Unmündigen arglistig mißbraucht, um sie zum Beischlaf mit ihm zu verführen, das Schutzalter ist also hier bedeutend höher. Unbescholtenheit wird nicht erfordert; der Mißbrauch der Unerfahrenheit aber wird sie annähernd einschließen. Vertrauensmißbrauch kann aber auch einer Bescholtenen gegenüber verübt werden. Endlich wird als Verführungsmittel noch die Arglist verlangt. Auch diesen Vorschlägen gegenüber entscheide ich mich für den *DVE.* mit der hinaufgerückten Altersgrenze usw.

Ein Bedürfnis, auch junge Männer über das 15. Lebensjahr hinaus gegen Verführung zum Beischlafe zu schützen, besteht nicht. Hier zeigt sich, wie wertvoll die Erhöhung des kindlichen Schutzalters ist. Wegen der Verführung junger Männer und Mädchen zur widernatürlichen Unzucht siehe bei Besprechung dieser Materie.

Der *DVE.* hat neben der Gefängnisstrafe bis zu einem Jahre die Haftstrafe in gleicher Dauer zugelassen. Dieser Vorschlag ist sehr zweckmäßig. Bei der Verführung sind häufig subjektive Momente in der Person des Täters zu berücksichtigen, welche eine Ehrenstrafe als zu hart erscheinen lassen. Gerade die mildere Strafart wird auch die Annahme des höheren Schutzalters erleichtern.

Auch die Straflosigkeit des Verführers, der mit der Verführten die Ehe geschlossen hat, kann angenommen werden.

## § 249.

Den Tatbestand der Blutschande hat der *DVE.* (§ 249) aus dem geltenden Gesetze (§ 173 StGB.) im allgemeinen vollständig übernommen, zu einem Teile sogar erweitert. Auch die Strafandrohungen sind dieselben geblieben.

Man wird annehmen dürfen, daß eine Reihe darzulegender Faktoren in einem ätiologisch kaum mehr auflösbaren, historisch-psychologischen Komplexe, dem auch religiöse Momente beigetreten sind, die heutige Auffassung von der Strafbarkeit des Inzestes begründen.

Ob die organische Gleichartigkeit der Keimplasmen in den beiden Geschlechtszellen eine Abschwächung der Befruchtungs- und Entwicklungsenergien bewirkt, ist eine der schwierigsten, die Folgen der Inzucht behandelnden Fragen der Biologie. Sowohl für Tiere als Menschen liegen Erfahrungen vor, daß Paarungen in engster Verwandtschaftsinzucht, zumal bei richtiger Auswahl, die Lebensfähigkeit der Nachkommenschaft nicht schädigen. Richtig ist aber, daß die Inzucht durch Gleichartigkeit der Keimplasmen, wenn sie mit Krankheitsanlagen behaftet sind, ein Hervortreten schädlicher Anlagen begünstigt, weil eben eine Häufung der Krankheitsdeterminanten vorliegt. So erklären sich als Folgen der Inzucht verschiedene Entartungserscheinungen bei den Nachkommen, wie Blindheit, Taubstummheit, Geisteskrankheit.

Einzelne Autoren vertreten die Auffassung, daß die Abneigung gegen den Geschlechtsverkehr mit Blutsverwandten nicht eine angeborene, natürliche Empfindung ist, sondern sich erst allmählich aus der Beobachtung der schädlichen Folgen eines solchen Verkehrs in bezug auf die Nachkommenschaft entwickelt hat. Danach gibt es nur einen erworbenen gegenseitigen sexuellen Widerwillen zwischen Männern und Frauen, die von frühster Kindheit beisammenwohnen.

Andere sprechen von einem „physiologischen Ekel", dessen Unterdrückung im Inzest den Volkskörper und das Volksempfinden schädigen.

Nach einer weiteren Auffassung liegt dem Verbote der Ehe zwischen zu nahen Verwandten, aus dem sich die Strafandrohung gegen die Blutschande ableitet, der nationalökonomische und soziale Gedanke zugrunde, daß durch Inzucht eine zu starke Macht der inzüchtigen Familien erzeugt und diese gewissermaßen zu gefährlichen Verbänden im Staate gestaltet würden.

Tatsache ist jedenfalls, daß die Abneigung gegen den Geschlechtsverkehr mit nahen Blutsverwandten eine verbreitete Erscheinung ist. Die Errichtung der Inzestschranke ist eine Errungenschaft der Kultur: die Sittenreinheit der Familie soll geschützt werden.

Da der Widerwillen gegen inzestuösen Verkehr auf einer ethischen Grundlage erworben wird, so ist klar, daß erblich Belastete oder sonst sittlich Defekte, vor allem Geisteskranke, zur Blutschande neigen. Vor allem kommen Schwachsinnige und Idioten, Epileptiker, Paranoiker und chronische Alkoholisten in Betracht; überdies auch Hysterische, Hypersexuelle, Neurasthenische und Lungentuberkulöse. Diese Personen stellen ein Hauptkontingent der Blutschänder.

Ohne besondere individuelle Veranlagung kommen Gelegenheitsursachen aus dem Milieu. Die elenden Wohnungsverhältnisse der unteren Volksschichten, die Schonungsbedürftigkeit der Ehefrau, die Furcht vor weiterer Nachkommenschaft verführen, zumal unter Alkoholeinfluß, manchen Vater in schwacher, geschlechtlich erregter Stunde, seine Pflegetochter oder gar sein leibliches Kind, das mit ihm in einem Raume, manchmal sogar in einem Bette schläft, zu gebrauchen. In Gebirgsgegenden und auch sonst auf dem Lande leben Väter, besonders Witwer, manchmal jahrelang mit ihren Töchtern in Blutschande.

Daß Wüstlinge, von dem sadistischen Gefühle der Auflehnung gegen jedes sittliche und menschliche Gesetz getrieben, die Blutschande kultivieren, kommt ganz selten zur gerichtlichen Aburteilung.

Wird man sich auch nicht mit Mittermaier im Hinblick auf

die ausländische Gesetzgebung dazu entschließen können, den ganzen Tatbestand zu streichen, so haben ihn doch unsere vorausgeschickten Betrachtungen jedenfalls seiner Ungeheuerlichkeit entkleidet.

Es sind für die Verwandten aufsteigender Linie mildernde Umstände mit Gefängnisstrafen zuzulassen. Pathologen, Entartete, Alkoholisten, die noch für zurechnungsfähig erachtet werden, gehören nicht ins Zuchthaus; sie gehören eigentlich auch nicht ins Gefängnis, sondern in eine Heilanstalt. Auch der weniger feinfühlige Proletarier mit dem Wohnungselend ist häufig mit der Zuchthausstrafe zu verschonen.

Auch den Tatbestand zwischen Verschwägerten auf- und absteigender Linie, sowie zwischen Geschwistern kann man dem Gesetzgeber zugestehen. Die Frage, ob hier die uneheliche Verwandtschaft der ehelichen gleichzustellen ist, hat *VEBegr.* (S. 689) auch fernerhin der Rechtsprechung überlassen.

Die bisherige Bestimmung, daß Verwandte und Verschwägerte absteigender Linie unter 18 Jahren straflos zu bleiben haben, ist im Entwurf durch das Ermessen des Richters bedingt worden. Diese Verschärfung ist überflüssig und deshalb abzulehnen. Das jetzige Gesetz trägt den Verhältnissen vollkommen Rechnung; der Deszendent steht in solchen Fällen zu sehr unter dem Einflusse des Aszendenten. Ich gehe noch weiter und fordere auch Straffreiheit für Geschwister unter 18 Jahren, da auch bei ihnen das Gefühl für die Bedeutung der Inzestschranke nur unvollkommen entwickelt ist.

Deutschland steht mit seinen harten Strafandrohungen ziemlich isoliert. Die romanische Gesetzgebung straft die Blutschande an sich meist überhaupt nicht. Der *OVE.* (§ 271) droht nur zum Teil niedrige Gefängnisstrafen an und läßt Deszendenten und Geschwister unter 16 Jahren straflos, wenn sie zur Tat verführt wurden. Der *SchVE.* (Art. 137) läßt neben der Zuchthausstrafe, mit der allerdings auch die Geschwister bedroht werden, Gefängnis bis zu einem Monat herab zu, ausgenommen, wenn der Aszendent einen unmündigen Deszendenten in gerade Linie zum Beischlaf verleitet. Von Mündigen verführte Unmündige bleiben straffrei. Die Verjährung ist verkürzt und auf zwei Jahre herabgesetzt.

## § 250.

Der *DVE.* hat in § 250 die Tatbestände der widernatürlichen Unzucht aus dem geltenden Gesetze (§ 176 StGB.) herübergenommen und den einen Tatbestand erweitert, indem er auch den gleichgeschlechtlichen Verkehr zwischen weiblichen Personen unter Strafe stellt. Die Vorschläge des *DVE.* befriedigen hinsichtlich der Homosexualität fast in keiner Beziehung.

Daß es zahlreiche Fälle angeborener Homosexualität gibt, kann kein Einsichtiger mehr bestreiten. Geht man der Meinungsverschiedenheit der Autoren über angeborene und erworbene Homosexualität tiefer nach, so findet man, daß sie bei einigen nur auf eine verschiedene Auffassung des Begriffes „Angeborensein" zurückzuführen ist. Die biologische Theorie von der bisexuellen Veranlagung des Menschen schließt seine Disposition zur gleichgeschlechtlichen Empfindung ein. Es handelt sich bei der Homosexualität ganz gewiß um eine natürliche Spielart der Geschlechtlichkeit, der man deshalb innerhalb gewisser Grenzen Duldung widerfahren lassen muß und darf. Dabei kann unerörtert die bestrittene Frage bleiben, ob wir es nur mit einer Abnormität oder mit einer Krankheit zu tun haben. Die Berücksichtigung des Krankhaften hat lediglich den allgemeinen Gesetzen zu folgen, welche auf pathologischem Boden die Zurechnungsfähigkeit ausschließen.

Wie man nach Literatur und Praxis überzeugt sein kann, ist immissio penis in anum zwischen Homosexuellen nicht so häufig; eher werden der coitus inter femora, die fellatio, am häufigsten die mutuelle Onanie betrieben. Das Zugeständnis gleichgeschlechtlichen Verkehrs zwischen erwachsenen Homosexuellen richtet keinen größeren Schaden an, als er durch die Verkehrung ihres Geschlechtstriebes an sich schon dem Volkskörper zugefügt wird. Soweit Männer mit erworbener Homosexualität, z. B. Wüstlinge, gleichgeschlechtlichen Verkehr mit anderen erwachsenen Männern pflegen, wobei der coitus in anum vielleicht häufiger ist, kann sich der Gesetzgeber bei der Straflosigkeit deshalb bescheiden, weil er auch die Perversitäten des heterosexuellen Verkehrs, die dem Volkskörper jedenfalls nicht nützen, nicht straft und nicht strafen kann.

So verbleibt also, daß der Knabe und der Jüngling, die während der Undifferenziertheit des Geschlechtstriebes stark geschädigt werden können, vor gleichgeschlechtlichem Verkehr geschützt werden müssen. Nach dem geltenden Gesetze (§ 176 Ziff. 3 StGB.) und auch § 244 Ziff. 3 *DVE.* ist der Knabe nur bis zum vollendeten 14. Lebensjahre, nach unseren Vorschlägen zu der letzteren Bestimmung wenigstens bis zum vollendeten 15. Lebensjahre gegen Unzüchtigkeiten allgemein geschützt. Dieser Strafschutz ist auf dem Gebiete des homosexuellen Geschlechtsverkehrs natürlich ungenügend. Man hat das 16. oder 18. Lebensjahr als Altersgrenze vorgeschlagen. Ich halte auch sie für zu niedrig und bin der Meinung, daß der junge Mann bis zum vollendetem 21. Jahre geschützt werden muß. Gerade die Jahre von 16 bis 20 sind ja die gefährlichsten, weil sich in ihnen der Geschlechtstrieb differenziert und fixiert. Wenn die Homosexuellen eine niedrigere Altersgrenze verlangen, so machen sie sich hierdurch verdächtig.

Der *OVE.* (§ 269) straft die widernatürliche Unzucht auch zwischen Erwachsenen, der *SchVE.* (Art. 124) nur die Unzucht des Mündigen mit einem Unmündigen.

Der *DVE.* hat den Tatbestand auch auf weibliche Personen ausgedehnt. Mittermaier hält es für prinziplos, die widernatürliche Unzucht zwischen Weibern nicht zu strafen; die Einengung für Deutschland sei ganz willkürlich durch Cella hervorgerufen worden. Theoretisch mag das richtig sein; daß aber die tatsächlichen Zustände in Deutschland zu einer solchen Ausdehnung Anlaß gegeben hätten, muß bestritten werden. Ich halte es nicht für kriminalpolitisch, die Beunruhigung, welche die Strafbestimmung und ihre öffentliche Diskussion dem männlichen Geschlecht gebracht haben, ohne Not in die Frauenwelt hineinzutragen.

Der *OVE.* bedroht in § 270 den Mißbrauch zur widernatürlichen Unzucht unter Anwendung von Gewalt und Drohungen sowie mit einer wehrlosen oder bewußtlosen Person usw. Auch die Schweiz hat ähnliche Bestimmungen in 119 (Unzüchtige Nötigung) und 121 Ziff. 3 (Schändung einer geisteskranken oder blödsinnigen Person). Der *DVE.* kennt diese Tatbestände nur gegenüber weiblichen Personen. Nach der Praxis wird man sagen dürfen, daß solche besonderen Tatbestände für den gleichgeschlechtlichen Verkehr entbehrlich sind. Wenn solche Handlungen vorkommen, werden sie als Nötigung noch besonders getroffen; das deutsche Strafmaß geht ja auch bis zu fünf Jahren Gefängnis bei der einfachen widernatürlichen Unzucht.

Eine Qualifikation bringt der *DVE.*, die nach der praktischen Erfahrung ihre Berechtigung hat: die Unzucht unter Mißbrauch eines durch Amts- oder Dienstgewalt oder in ähnlicher Weise begründeten Abhängigkeitsverhältnisses. Mit gleicher Strafe (Zuchthaus bis zu fünf Jahren, bei mildernden Umständen Gefängnis nicht unter sechs Monaten) wird bedroht, wer aus dem Betriebe der widernatürlichen Unzucht ein Gewerbe macht. Man kann diese Bestimmung, ohne eine Notwendigkeit für sie anzuerkennen, gelten lassen.

Der *DVE.* behält auch die Strafbarkeit der widernatürlichen

Unzucht zwischen Mensch und Tier bei. Der *OVE.* und der *SchVE.* lassen sie fallen. Mittermaier (*Vergl. Darst.* S. 152) tritt für Straflosigkeit ein, weil bei ihr niemand ernstlich von einer Gefährdung der allgemeinen Gesundheit oder sittlichen Auffassung reden könne. Über den letzteren Punkt wird man streiten können, ohne daß man freilich einen sicheren Gegenbeweis zu erbringen vermöchte. Die Bestialität wird von Psychopathen oder Entarteten, hier insbesondere von Wollüstlingen, verübt. Dabei tritt der Charakter der Tiermißhandlung oft mehr hervor als der des Sittlichkeitsvergehens. Weit häufiger aber ist der Anlaß zur Sodomie, vor allem auf dem Lande und in Gebirgsgegenden, der Mangel an Gelegenheit zur normalen Befriedigung des Geschlechtstriebes. Hier erscheint der Tatbestand manchmal recht harmlos. Für Aufrechterhaltung der Strafbestimmung kann also eigentlich recht wenig geltend gemacht werden. Daß sie einmal auch für Deutschland fallen wird, ist mir nicht zweifelhaft. Ob man sie vorläufig noch beibehalten will, ist lediglich Geschmackssache. Dann wäre aber unbedingt Geldstrafe neben der Gefängnisstrafe zur Wahl zu stellen.

## § 251.

Den Tatbestand der einfachen Kuppelei (§ 180 StGB.) hat der *DVE.* (§ 251) in wichtigen Punkten weiterentwickelt. Beibehalten sind die Erfordernisse der Gewohnheitsmäßigkeit und der Eigennützigkeit. Gestrichen sind die ausdrücklich genannten Mittel des Vorschubleistens — Vermittlung, Gewährung oder Verschaffung von Gelegenheit. Jedes gewohnheitsmäßige oder eigennützige Vorschubleisten fremder Unzucht soll getroffen werden. *VEBegr.* (S. 893) meint, in einem solchen Vorschubleisten sei auch die Verleitung zur Unzucht inbegriffen, sodaß hierfür ein besonderer Tatbestand entbehrt werden könne. Streng begrifflich ist das wohl richtig. Allein die Verleitung zur Unzucht mit einem Dritten ist eine gerade in neuerer Zeit so gefahrvoll hervorgetretene Abart des Vorschubleistens, daß sie im Gesetzestext wenigstens einer besonderen Erwähnung bedarf. Der Laie wird beim Vorschubleisten nicht ohne weiteres an das Verleiten, d. h. das bloße Geneigtmachen der weiblichen Person zur Unzucht mit einem Dritten, denken. Auch die nicht gewohnheitsmäßige und nicht eigennützige Verleitung zur Unzucht mit einem Dritten unter Strafe zu stellen, lehnt *VEBegr.* ab. Man kann ihr beistimmen, weil ja eben erst die wiederholte, also eine Gewohnheitsmäßigkeit offenbarende Verleitung die erwähnte soziale Gefahr in sich schließt. Eine weitere gefährliche Form der Kuppelei ist das Zurückhalten einer Prostituierten in der Gewerbsunzucht. Der Vorentwurf will es unter dem allgemeinen Begriffe des Vorschubleistens mitgetroffen haben. Auch hier erscheint mir, zur besseren Verdeutlichung, wenigstens eine ausdrückliche Hervorhebung im Gesetzestexte wünschenswert.

Neu hinzugefügt hat Vorentwurf die Beschränkung, daß die bloße Gewährung von Wohnung keine Kuppelei sein soll, wenn der Vermieter aus der Duldung der Unzucht keinen unverhältnismäßigen Gewinn ziehen will. Auf diesem Wege soll der gegenwärtige unerquickliche Zwiespalt zwischen dem Strafgesetz, welches das Vermieten an Prostituierte bestraft, und der Polizeiverordnung, welche es ausdrücklich regelt, also gestattet, beseitigt werden. Der Vorschlag ist willkommen zu heißen. Unter dem jetzigen Zustande leiden die Staatsautorität und das Rechtsbewußtsein des Volkes Schaden. Nunmehr kann derjenige Vermieter, der aus der Vermietung einen unverhältnismäßigen Gewinn zu erlangen sucht, endlich wirklich mit der ordentlichen Strafe des Gesetzes belegt werden, die heutzutage, eben mit Rücksicht auf die zwiespältigen gesetzlichen Zustände, in der Regel im Gnadenwege gemildert wird. Nunmehr endlich kann die Polizei der gewerbsmäßigen Kuppelei gegenüber ihre wahre Aufgabe erfüllen und das erbarmungslose und menschenunwürdige Aussaugen der Freudenmädchen durch den Kuppler verhindern (vgl. hierzu Wulffen, Der Sexualverbrecher, S. 691 ff.). Das Thema der Prostitution zu behandeln, liegt nicht im Rahmen meiner Aufgabe. Nur kurz sei erwähnt, daß ich auch in diesem Punkte auf dem Boden des *DVE.* (§ 305 Ziff. 4) stehe, der die sog. Unterstellung der Prostituierten und ihre Einschreibung in besondere Listen ablehnt, sie vielmehr nur dann strafen will, wenn sie die zur Sicherung der Gesundheit, der öffentlichen Ordnung oder des öffentlichen Anstandes erlassenen Vorschriften, deren Grundsätze der Bundesrat bestimmen soll, übertreten.

Der Vorentwurf hat für die einfache Kuppelei das bisherige Mindestmaß der Gefängnisstrafe (einen Monat) beseitigt und auch die Geldstrafe als Nebenstrafe beibehalten (§ 36 Vorentwurf). Bei einem Vergehen, das oft aus niedriger Gewinnsucht verübt wird, sollte in der gerichtlichen Praxis häufiger als bisher auch der Geldbeutel getroffen werden. Wichtig ist die neue Bestimmung des Vorentwurfs, danach gemäß § 255 in Verbindung mit §§ 42 und 53 auch der Kuppler unter bestimmten Voraussetzungen in einem Arbeitshaus untergebracht, in der Wahl seines Aufenthaltes beschränkt werden kann. Eine gesunde und starke Gesetzgebung gegenüber dem Kupplertum bietet ein gewisses Gleichgewicht gegen die leider unvermeidliche Prostitution.

§ 252.

§ 252 *DVE.* bringt den Tatbestand der schweren Kuppelei, wie ihn jetzt § 181 Ziff. 2 StGB. normiert. Gewohnheitsmäßigkeit und Eigennutz des Kupplers werden nicht gefordert. Die bisherigen Strafandrohungen (Zuchthaus bis zu fünf Jahren, bei mildernden Umständen Gefängnis) sind beibehalten worden.

§ 253.

§ 253 *DVE.* hebt zwei weitere schwere kupplerische Tatbestände heraus, den Frauenhandel und die Kuppelei mit hinterlistigen Kunstgriffen.

Der Frauenhandel konnte bisher als einfache Kuppelei gestraft werden, wenn diese letztere Tätigkeit vom Händler vollendet wurde und nicht bloß im Rahmen des straflosen Versuchs blieb. Der Tatbestand der schweren Kuppelei unter Anwendung hinterlistiger Kunstgriffe, als vollendetes oder versuchtes Verbrechen, ist in der gerichtlichen Praxis schwer zu erweisen. § 48 des Reichsgesetzes über das Auswanderungswesen vom 9. Juni 1897 schlägt wegen seiner besonderen Voraussetzungen — Verleitung zur Auswanderung zu dem Zwecke, die weibliche Person der Gewerbsunzucht zuzuführen, unter arglistiger Verschweigung dieser Absicht — nicht in allen strafwürdigen Fällen ein. Der *DVE.* will die Lücken ausfüllen und die Gefährlichkeit des Frauenhandels besonders treffen.

Strafbar soll sein, wer gewerbsmäßig Mädchen und Frauen der Unzucht zuführt. Es ist gleichgültig, ob die weiblichen Personen unbescholten oder bescholten sind. Dieser Gedanke ist richtig, weil eine Quelle der Prostitution eingedämmt werden soll. Der Vorschlag ist als Waffe im Kampfe gegen die Prostitution, zu dem sich der Gesetzgeber endlich emporrafft, zu begrüßen. Aber das gewerbsmäßige Zuführen nicht nur zur Gewerbsunzucht, sondern zur Unzucht ganz allgemein wird verfolgt. Auch dieser Vorschlag ist zu billigen. Wer gewerbsmäßig weibliche Personen der Unzucht zuführt, arbeitet der Prostitution in die Arme. „Zuführen“ ist nicht nur förmliches Anwerben oder Verhandeln. Gewerbsmäßig handelt nicht nur der Händler, sondern auch z. B. der Inhaber eines Dirnenquartiers, der für sich selbständig anwirbt, anstatt nur die freiwilligen Meldungen der Mädchen oder ihre Zuführung seitens der Händler usw. abzuwarten. Im letzteren Falle wäre er,

10*

falls er die Gewerbsmäßigkeit des Händlers kennt, möglicherweise dessen strafbarer Gehilfe.

In Ziff. 2 von § 253 Vorentwurf wird die unter Anwendung von hinterlistigen Kunstgriffen verübte einfache (§ 251) oder schwere Kuppelei (§ 252) wie in § 181 Ziff. 1 des geltenden Strafgesetzbuches bedroht. Hierher gehört z. B. der Fall, wenn eine weibliche Person wider ihr Wissen und ihren Willen, unter arglistiger Täuschung, im Inlande der Unzucht zugeführt werden soll.

Der *DVE.* läßt nunmehr für weniger schwere Fälle dieses Verbrechens mildernde Umstände zu und straft sie mit Gefängnis nicht unter sechs Monaten. Wir treten diesem Vorschlage bei.

Ein Blick auf die einschlagenden Bestimmungen über Kuppelei, Verleitung zur Unzucht und Frauenhandel im *OVE.* (§§ 275—281) sowie im *SchVE.* (Art. 129—134) lehrt, daß die ausländischen Gesetzgeber ganz verschieden von uns und untereinander formulieren, teilweise auch sachliche Abweichungen bringen.

Insbesondere berücksichtigt Österreich wieder die Ausnutzung der wirtschaftlichen Abhängigkeit einer weiblichen Person und straft dann eine kupplerische Tätigkeit, die weder eine gewerbsmäßige, gewohnheitsmäßige und eigennützige ist (§ 275 Ziff. 2). Strafbar ist weiter, wer eine weibliche Person dadurch zum außerehelichen Geschlechtsverkehr mit einem anderen bestimmt, daß er sie oder eine ihr nahestehende Person mit einem rechtswidrigen Nachteil an der Freiheit usw. bedroht (§ 275 Ziff. 3). Nicht die bloß gewohnheitsmäßige, sondern nur die gewerbsmäßige Förderung der Unzucht allgemein oder die Förderung gewerbsmäßiger Unzucht bilden den Tatbestand (§§ 278, 279). Als Frauenhandel kommt nur die Zuführung einer weiblichen Person zur Unzucht in einem andern Staate als dem ihrer Heimat in Betracht. Die Strafe ist Kerker nur, wenn es sich um eine geschlechtlich unbescholtene Person handelt, sonst Gefängnis. In allen Fällen kann aber neben der Freiheitsstrafe Geldstrafe bis zu 20000 Kronen verhängt werden. Qualifiziert ist endlich die Verbindung mehrerer zum Betriebe des Frauenhandels (§ 281).

Auch die Schweiz straft nur den gewinnsüchtigen oder gewerbsmäßigen Kuppler (Art. 129, 130). Auch die Nötigung einer Person (weiblich, männlich) durch Gewalt oder Drohung, sich einer anderen zur Unzucht preiszugeben (Art. 132), ebenso die bloße Verleitung einer Unmündigen zur Gewerbsunzucht (Art. 133 Abs. 1) sowie die Benutzung der Not oder Abhängigkeit einer Frau, um sie zu gewerbsmäßiger Unzucht zu verleiten (Art. 133 Abs. 2), werden zu besonderen Tatbeständen erhoben. Mädchenhandel treibt, wer eine Frau gegen ihren Willen oder eine Unmündige einem anderen zu gewerbsmäßiger Unzucht überliefert, oder in der Schweiz Anstalten trifft, um beide im Auslande der gewerbsmäßigen Unzucht zu überliefern. Qualifiziert ist der Mädchenhandel, wenn der Händler seine Ehefrau, sein Kind, Großkind usw. überliefert, wenn die Überlieferung an einen gewerbsmäßigen Kuppler erfolgen soll; wenn die Person ins Ausland verbracht oder List, Gewalt oder Drohung geübt wurde; wenn die Frau unbescholten ist. Die Strafe ist immer Zuchthaus, neben dem auf Geldstrafe bis zu 20000 Franken erkannt werden kann.

Der Vergleich lehrt, daß die ausländischen Vorschläge viel weiter gehen als unsere deutschen. Wir können kurz sagen, daß wir die ausländischen Tatbestände entbehren zu können glauben, insbesondere die Ausnutzung der wirtschaftlichen Abhängigkeit zu kupplerischen Zwecken. Die wirklich gefährlichen Fälle werden von der gewohnheitsmäßigen und eigennützigen Kuppelei mit umfaßt. Auch Zwang durch Gewalt oder Drohung kann bei der Kuppelei als Strafzumessungsgrund berücksichtigt werden.

Die Systematik des *O.* und des *SchVE.* leidet unter einer zu großen Mannigfaltigkeit der eingegliederten Bestimmungen. Vielleicht ist es zweckmäßig, auf diesem Gebiete nicht zu strenge Anforderungen zu stellen und sich damit zu begnügen, daß die gefährlichen Auswüchse getroffen werden. Das System des *DVE.* befriedigt freilich auch nicht recht, aber die Einzelbestimmungen sind sehr einfach und übersichtlich. Auf Geldstrafe kann gegen den Mädchenhändler aus § 36 Vorentwurf erkannt werden.

## § 254.

§ 254 *DVE.* hat die Tatbestände der Zuhälterei, wie sie das geltende Gesetz (§ 181a StGB.) aufstellt, unverändert übernommen. Die beiden legislatorischen Gedanken, die in der Strafbarkeit der Zuhälterei zum Ausdruck kommen, nämlich erstens die Förderung der gewerbsmäßigen Unzucht der Dirne durch den Zuhälter und zweitens das Gewinnziehen des Zuhälters aus dem Gewerbe der Dirne unter Strafe zu stellen, sind auch für die zukünftige Gesetzgebung als richtig und für die Formulierung der Tatbestände als maßgebend zu erachten.

Der *OVE.* (§ 282) und der *SchVE.* (Art. 131) haben nur den zweiten Tatbestand zur Zuhälterei erhoben. Es ist zwar richtig, daß der erste Tatbestand nur einen besonderen gefährlichen Fall der Kuppelei bildet. Der *VEBegr.* (S. 698) ist aber beizupflichten, wenn sie eine Notwendigkeit erkennt, auch den ersten Tatbestand als Zuhälterei zu kennzeichnen.

In redaktioneller Beziehung ist das Tatbestandsmerkmal „unter Ausbeutung ihres unsittlichen Erwerbes“ gewiß nicht von besonderer Präzisheit. Allein Österreich („sich aus dem Ertrāgnis ihrer gewerbsmäßigen Unzucht Mittel zu seinem Unterhalte zuwenden läßt“) und die Schweiz („aus der gewerbsmäßigen Unzucht einer Frau Gewinn zieht“) formulieren noch weniger scharf. Die „Ausbeutung“ ist von der Rechtsprechung als bewußte, geflissentliche Ausnutzung des Abhängigkeitsverhältnisses richtig interpretiert worden. Alle drei Vorentwürfe nehmen zur Verdeutlichung die Bezeichnung Zuhälter mit in den Gesetzestext auf. Wenn also der arbeitsunfähige Vater vom Schandgelde der prostituierten Tochter mitlebt oder der Bruder davon studiert, so scheiden diese Fälle begrifflich aus.

Während Österreich ziemlich milde straft (Gefängnis bis zu sechs Monaten, im wiederholten Rückfall von drei Monaten bis zu einem Jahr), droht die Schweiz nur Zuchthaus bis zu fünf Jahren an. Der *DVE.* geht einen Mittelweg (Gefängnis nicht unter einem Monat, in besonders schweren Fällen nicht unter einem Jahre). Von den besonders schweren Fällen werden die Qualifikationen des jetzigen Abs. 2 von § 181 a (Ehemann der Dirne, Anwendung von Gewalt und Drohungen) mit umfaßt. Diese Strafmindestmaße sind auch hier nicht zweckmäßig; es wird Fälle beider begrifflichen Art geben, für welche diese Mindeststrafen immer noch zu hoch sind. Der Zuhälter ist nicht immer der brutale Beherrscher der Dirnen. Nicht selten ist er ein Charakter, der nicht nur aus eigner Schuld auf den Wogen des Lebens Schiffbruch gelitten hat; zuweilen ist er ein geistig minderwertiger, ein schwachsinniger oder sonst psychopathischer Mensch; manchmal ist umgekehrt gerade er der Unterjochte. Ohne Sentimentalität kann man sagen, daß für manche Dirne in ihrer sozialen Isolierung der Zuhälter die einzige Person ist, der sie ihr Herz öffnen kann (vgl. Wulffen, der Sexualverbrecher, S. 702 ff.).

## § 255.

Diese Bestimmung über sichernde Maßnahmen gibt gegenüber dem, der aus dem Betriebe der widernatürlichen Unzucht ein Gewerbe macht, gegenüber dem einfachen, schweren und hinterlistigen Kuppler, dem Frauenhändler und Zuhälter die Möglichkeit, neben oder an Stelle der Strafe auf Unterbringung des arbeitsfähigen Verurteilten in einem Arbeitshaus (§ 42 Vorentwurf) und aus

Sicherheitsgründen auf Zulässigkeit der Beschränkung des Aufenthalts (§ 53 Vorentwurf) zu erkennen.

Die Aberkennung der bürgerlichen Ehrenrechte, wenn die Tat aus ehrloser Gesinnung hervorgegangen ist, ordnen allgemein §§ 45 ff. Vorentwurf.

Ist eine strafbare Handlung (wie öfter schwere Kuppelei, Blutschande und Unzucht an Kindern) auf Trunkenheit zurückzuführen, so verordnet § 43 Vorentwurf Unterbringung des Verurteilten in eine Trinkerheilanstalt bis zu seiner Heilung. Hier haben wir endlich einen Anfang der staatlichen Heilbehandlung eines Verurteilten, die hoffentlich gerade auf dem Gebiete der Fleischesverbrechen von den Gerichten mit Nachdruck angeordnet werden wird. Leider finden sich weitergehende Vorschriften nicht. Hier weist *DVE.* eine Rückständigkeit auf, die mit der mangelnden sexologischen Bildung unsrer Gesetzgeber und Kriminalisten zusammenhängt. Wo bleibt die staatliche Heilbehandlung der Exhibitionisten und rückfälligen Kinderschänder und gewaltsamen Unzuchtsverbrecher, soweit Trunksucht nicht vorliegt? Hier liegen ganz wesentliche Aufgaben der zukünftigen Strafrechtspflege: weniger strafen, d. h. entehren, als vielmehr heilen und Verbrechen verhüten! Jetzt oder für Jahrzehnte hinaus nie ist die Gelegenheit gekommen, in diese neuen Bahnen einzulenken.

## § 256.

Den Tatbestand der öffentlichen Ärgerniserregung durch eine unzüchtige Handlung, wie ihn das geltende Gesetz (§ 183 StGB.) formuliert, hat der *DVE.* (§ 256) in einem wichtigen Punkte geändert. Die Strafbarkeit soll nicht mehr von dem zufälligen Umstande abhängen, ob wirklich eine Person Ärgernis genommen hat, vielmehr davon, ob die unzüchtige Handlung unter Berücksichtigung aller besonderen Umstände des Falles geeignet war, Ärgernis zu erregen. Der neue Vorschlag kommt einem dringenden Bedürfnis der Praxis entgegen. Unsere heutige Frage an den Zeugen, ob er Ärgernis genommen habe, setzt ihn vielfach in Verlegenheit, gibt die Antwort seiner Willkür preis und rechnet mit einer Fähigkeit zur Selbstbeurteilung, wie er sie vielfach gar nicht besitzt.

In derselben Weise formuliert § 283 Ziff. 1 des *OVE.* Der *SchVE.* (Art. 135) straft den, der öffentlich eine unzüchtige Handlung begeht. Auch er verlangt also nicht, daß eine bestimmte Person

Ärgernis genommen hat; die Unzüchtigkeit der Handlung setzt eben begrifflich eine solche voraus, die wegen der Unzüchtigkeit geeignet ist, das Scham- und Sittlichkeitsgefühl dritter Personen zu verletzen.

Der *DVE.* stellt neben der Gefängnisstrafe bis zu zwei Jahren zweckentsprechend Haftstrafe in gleicher Dauer zur Wahl und erhöht die Geldstrafe bis zu 3000 M.

§ 257.

In § 257 faßt der *DVE.* die Bestimmungen in §§ 184, 184a des geltenden Gesetzes über unzüchtige Schriften, Abbildungen usw. zusammen, wobei der Tatbestand von § 184a in Ziffer 2 des § 257 aufgenommen wird. Der Begriff der Unzüchtigkeit einer Schrift, Abbildung oder Darstellung wird unter Berücksichtigung der Interessen von Kunst und Wissenschaft, wie bisher, der Rechtsprechung überlassen.

Um die Jugend nachdrücklich gegen die Gefahren der Schmutz- und Schundliteratur zu schützen, genügt, wie auch Mittermaier ausführt (S. 200), das 16. Lebensjahr als Schutzalter bei weitem nicht. Die Grenze hätte mindestens das 18. Lebensjahr, vielleicht sogar die Volljährigkeit zu bilden. Die Formulierung des *SchVE.* freilich „Wer unzüchtige Schriften, Bilder oder Gegenstände unter der Jugend verbreitet“ erscheint zu unbestimmt.

Daß Schutzmittel gegen ansteckende Geschlechtskrankheiten und gegen die Empfängnis (Präservativs usw.) unter die Gegenstände von Ziff. 3 fallen, die wegen ihrer Verwendung nicht nur beim ehelichen, sondern auch beim außerehelichen Geschlechtsverkehr „zu unzüchtigem Gebrauche bestimmt“ sind, beruht auf der „starren“ Rechtsprechung des Reichsgerichts (Mittermaier a. a. O.). Die Nichtanwendung solcher Schutzmittel beruht nur zum Teil auf Unkenntnis, zum andern auf Sorglosigkeit, Leichtsinn und wirtschaftlichem Unvermögen. Da andererseits doch nicht jedes Ausstellen, Ankündigen oder Anpreisen in der Öffentlichkeit zugelassen werden könnte, auch die sexuelle Aufklärung hierfür das ihrige tut und der Handel das Strafgesetz zu umgehen weiß, so kann man sich schließlich zufrieden geben.

Mit Recht werden auch ferner öffentliche Ankündigungen getroffen, die dazu bestimmt sind, unzüchtigen Verkehr herbeizuführen.

Die Strafen sind auf Gefängnis oder Haft bis zu zwei Jahren oder Geldstrafe bis zu 3000 M heraufgesetzt worden. Neben der Freiheitsstrafe ist die Geldstrafe aus § 36 zulässig.

§ 258.

Die Beibehaltung des Tatbestandes von § 184b des geltenden Gesetzes (anstößige Berichte aus Gerichtsverhandlungen) in § 258 *DVE.* ist berechtigt. Auch hier ist das Maß der Geldstrafe von 600 auf 1000 M erhöht und Haft in gleicher Dauer wie die Gefängnisstrafe (sechs Monate) zugelassen.

## Zusammenfassung zu §§ 243—257.

Will man die Ergebnisse der kritischen Beurteilung zusammenfassen, die wir am 20. Abschnitte des *DVE.* in den vorstehenden Ausführungen geübt haben, so dürfen wir anerkennen, daß der neue Gesetzgeber Fortschritte gemacht hat. Aber ein Mangel ist unverkennbar, der unserer ganzen bureaukratischen Kriminalistik anhaftet. Es fehlt das Verständnis für die naturwissenschaftliche Grundlage unseres Sexualkodex. Mit einer gewissen Auffälligkeit wird an feststehenden biologischen Erkenntnissen vorübergegangen, als scheue man sich, diese Wahrheiten auch nur zu erwähnen. Die Folge ist dann ein Fehlgreifen in einschlagenden wichtigen Fragen und ein Außerachtlassen selbst sozial in die Augen springender Punkte.

Zur Systematik der „Verbrechen und Vergehen gegen die Sittlichkeit“ ist zu bemerken, daß sie im dritten Buch („Verbrechen und Vergehen gegen die Person“) nicht unmotiviert als letzter Abschnitt stehen. Im einzelnen kann man sich nicht mit allem einverstanden erklären.

Die drei Tatbestände des § 244 Vorentwurf, wie des § 176 des geltenden Gesetzes sind zu ungleichartig, als daß sie in einem einzigen Paragraphen zusammengefaßt werden könnten. Zum mindesten wäre Ziffer 3 in einer selbständigen Bestimmung zu redigieren, an die sich § 248 (Verführung) unmittelbar anzuschließen hätte. Hinter diese Paragraphen über den Schutz der Jugend hätte die Unzucht unter Mißbrauch eines Autoritätsverhältnisses (§ 247) zu treten. der die Erschleichung des Beischlafs (§ 246) folgen müßte. Dann reihen sich Blutschande und widernatürliche Unzucht an. Der zweite Tatbestand von § 253 (Kuppelei mit hinterlistigen Kunstgriffen) würde besser, wie im geltenden Gesetze, als schwere Kuppelei (§ 252) behandelt, während der praktisch wichtigere Frauenhandel ein selbständiges neues Delikt bildete.

---

Druck von C. Schulze & Co., G. m. b. H., Gräfenhainichen.

www.ingramcontent.com/pod-product-compliance
Lightning Source LLC
LaVergne TN
LVHW091733021026
849161LV00003BB/605